This Book Belongs To

_____

_____

If you enjoyed the idea of the book and found some benefit, we'd like to hear from you and hope that you could take some time to post an honest review on Amazon with some photos of your kids creations. Your feedback and support will help us to greatly improve our books for future projects and make this one even better.

Scan For
An honest Review on Amazon

WANT FREE GOODIES?

Email us at

mathtimepublishing@gmail.com

Title the email «Math Time Activities»
and we'll send some goodies!

Any Question?
Email us at mathtimepublishing@gmail.com

Copyright © 2020 by MathTime Publishing. All rights reserved. This book or any portion thereof may not be reproduced or used in any manner whatsoever without the express written permission of the publisher except for the use of brief quotations in a book review.

Printed in the United States of America

First Printing, 2020

ISBN: 979-8667631057

Trace the number 10

Circle all of the number 10

Count, Trace and Color raindrops equal to the number.

Count the flowers in each frame and trace the numbers

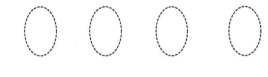
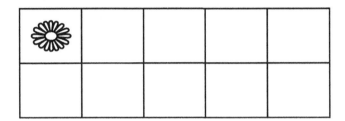
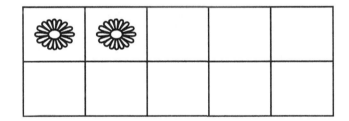
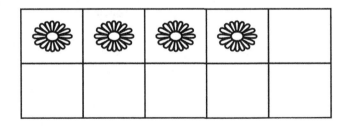

Draw a line to match each set so the number that tells how many.

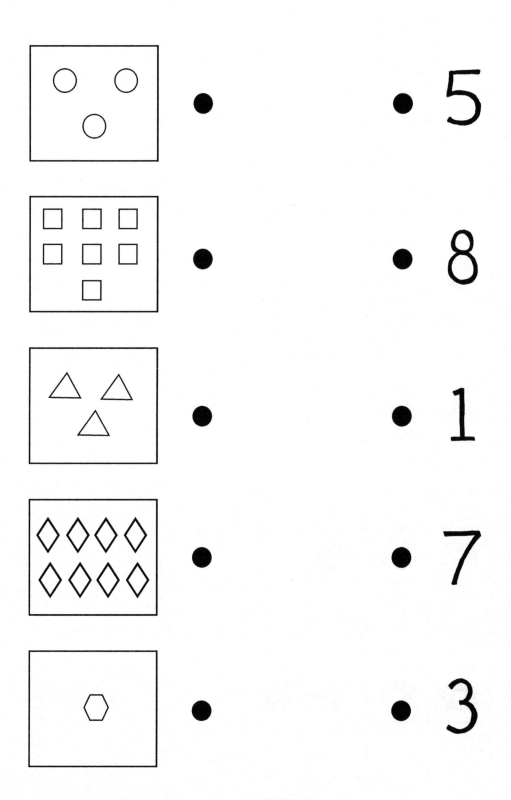

Solve the addition problems using shapes below

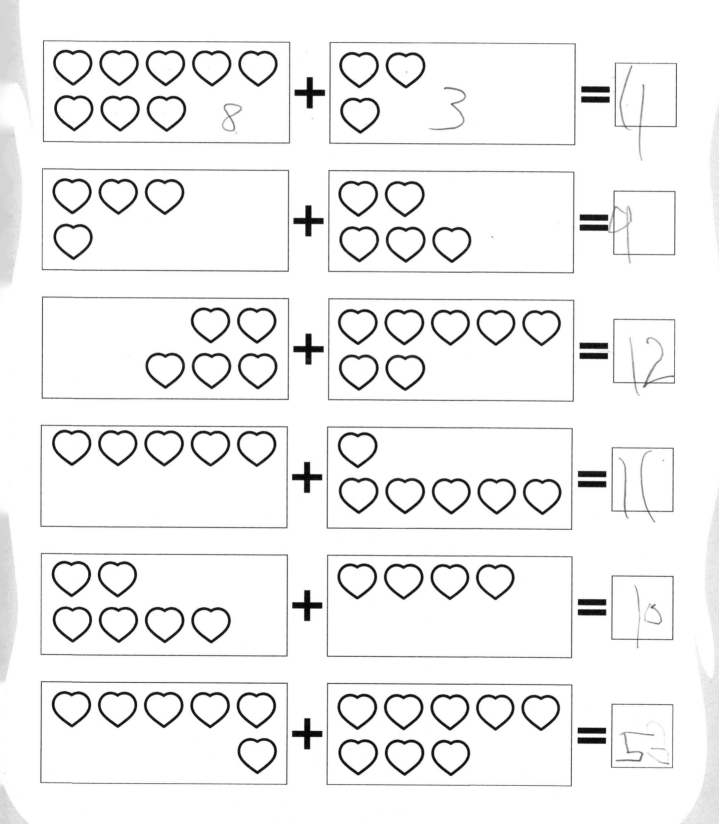

Color, Count the Number of Objects and Write the correct Answer

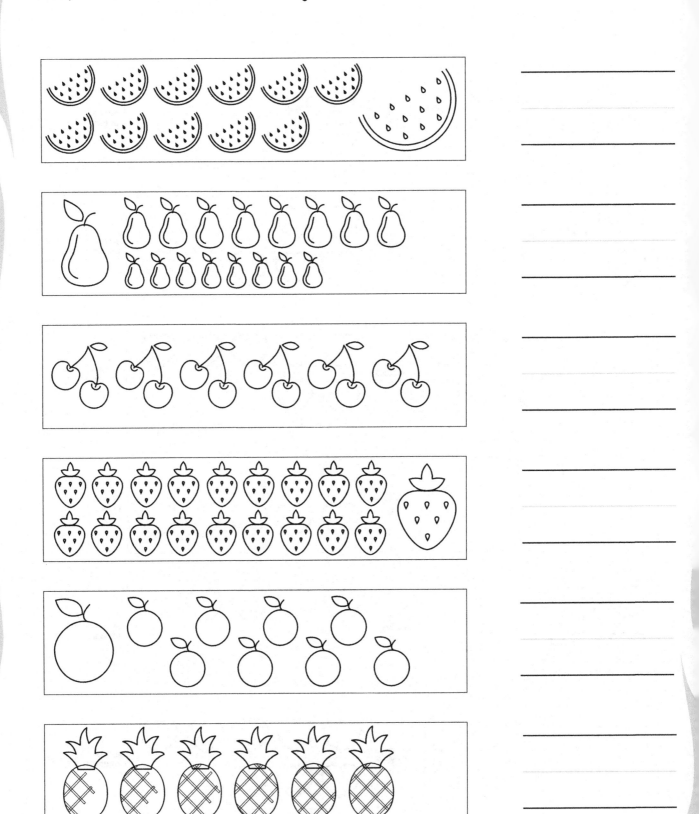

Color, Count the Number of Objects and Circle the correct Answer

1	2	3	4	5
6	7	8	9	10
11	12	13	14	15
16	17	18	19	20

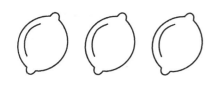

1	2	3	4	5
6	7	8	9	10
11	12	13	14	15
16	17	18	19	20

1	2	3	4	5
6	7	8	9	10
11	12	13	14	15
16	17	18	19	20

1	2	3	4	5
6	7	8	9	10
11	12	13	14	15
16	17	18	19	20

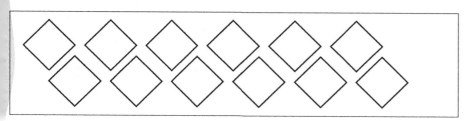

1	2	3	4	5
6	7	8	9	10
11	12	13	14	15
16	17	18	19	20

1	2	3	4	5
6	7	8	9	10
11	12	13	14	15
16	17	18	19	20

Draw a Line From the Number to Its Name

2 • • Three

6 • • Ten

10 • • Nine

3 • • Six

7 • • One

8 • • Eight

1 • • Four

4 • • Two

5 • • Seven

9 • • Zero

0 • • Five

Count the Number of Shapes and Write the correct Answer for each addition problem

____ + ____ = ____

____ + ____ = ____

____ + ____ = ____

____ + ____ = ____

____ + ____ = ____

____ + ____ = ____

Count the Number of Shapes and Write the correct Answer for each addition problem

___ + ___ = ___

___ + ___ = ___

___ + ___ = ___

___ + ___ = ___

___ + ___ = ___

___ + ___ = ___

Count the Number of Shapes and Write the correct Answer for each addition problem

○○○○○○○
○○○○○   ●●●●
___   +   ___   =   ___

◆◆◆◆◆◆◆
◆◆◆◆◆   ◆◆◆◆
___   +   ___   =   ___

✚✚   ✜✜
___   +   ___   =   ___

♡♡♡♡♡♡♡
♡♡♡   ♡
___   +   ___   =   ___

●●●●●●●●
●   ○○○○○○
___   +   ___   =   ___

✜✜✜✜✜✜✜✜
✜✜✜✜✜✜   ✚✚✚✚✚
___   +   ___   =   ___

♡♡♡♡♡♡♡
♡♡   ♥♥♥♥♥♥♥♥
___   +   ___   =   ___

Count the Number of Shapes and Write the correct Answer for each addition problem

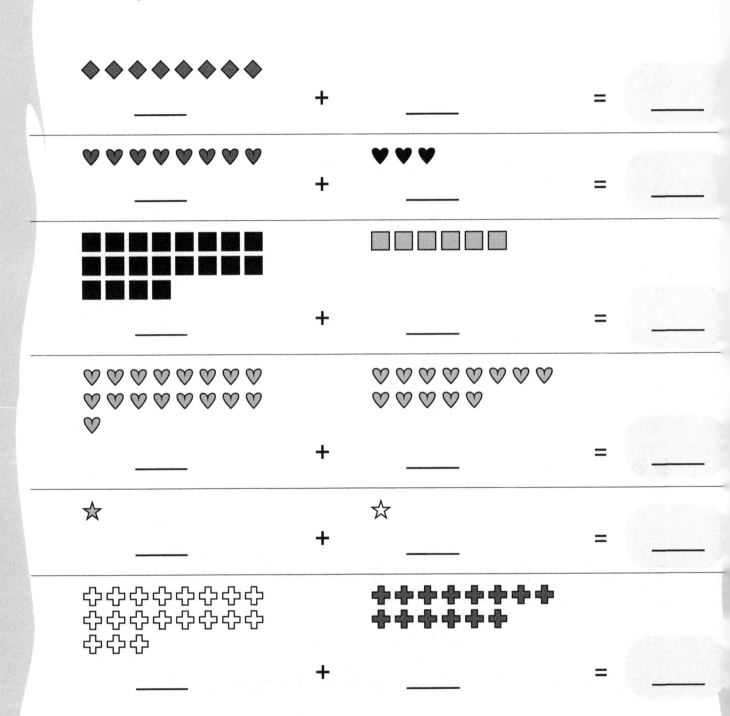

Count the Number of Shapes and Write the correct Answer for each addition problem

___ + ___ = ___

___ + ___ = ___

___ + ___ = ___

___ + ___ = ___

___ + ___ = ___

___ + ___ = ___

___ + ___ = ___

Count the Number of Shapes and Write the correct Answer for each addition problem

✛✛✛✛ + ✛✛ =
___   ___   ___

☐☐☐☐☐☐ + ■■■■■■■ =
___   ___   ___

●●●●● + ● =
___   ___   ___

✚✚✚✚✚ + ✚ =
___   ___   ___

▲▲▲▲▲▲▲▲ + ▲▲▲ =
___   ___   ___

★★★★★★★★ + =
___   ___   ___

■■■■■■■■ + ■■■■■ =
___   ___   ___

Count the Number of Shapes and Write the correct Answer for each addition problem

♡♡♡♡♡♡♡   ♡♡♡♡♡
____   +   ____   =   ____

●●
____   +   ____   =   ____

♡♡♡♡♡   ♡
____   +   ____   =   ____

◆◆◆◆◆   ◆◆◆
____   +   ____   =   ____

✚✚✚✚✚✚✚✚   ✚✚✚✚✚✚✚
✚✚   ✚✚
____   +   ____   =   ____

■■■■■■   ■■■■■■
____   +   ____   =   ____

●●●●●●●●   ○○○○○○○
●
____   +   ____   =   ____

Count the Number of Shapes and Write the correct Answer for each addition problem

10 + 5 = 15

5 + 4 = 9

16 + 12 = 28

11 + 1 = 12

14 + 7 = 21

14 + 14 = 28

Count the Number of Shapes and Write the correct Answer for each addition problem

♥ ♥ ♥ ♥ ♥

___ + ___ = ___

♦ ♦ ♦ ♦ ♦ ♦ ♦   ♦ ♦ ♦ ♦ ♦ ♦

___ + ___ = ___

♦ ♦   ♦ ♦

___ + ___ = ___

♥ ♥ ♥ ♥ ♥ ♥ ♥   ♥ ♥ ♥
♥ ♥

___ + ___ = ___

▲ ▲ ▲ ▲ ▲ ▲ ▲   ▲ ▲ ▲ ▲ ▲ ▲
▲

___ + ___ = ___

✚ ✚ ✚ ✚ ✚   ✚ ✚ ✚ ✚

___ + ___ = ___

★ ★ ★ ★ ★ ★ ★   ★

___ + ___ = ___

Count the Number of Shapes and Write the correct Answer for each addition problem

○○○○○○ + ●● =

△△△△△△△△ + ▲▲▲ =

◆◆◆◆◆◆◆ + ◆◆ =

✚✚✚✚✚✚ + ✚✚✚✚✚✚ =

●●●● + ●●●● =

☆☆☆ + ☆ =

■■■■■■■ + ■■■■■ =

Solve the given problems below using dots to help you

```
  5      3      2      2
+ 4    + 0    + 1    + 2
____   ____   ____   ____


  4      0      1      5
+ 3    + 3    + 0    + 1
____   ____   ____   ____


  1      3      0      4
+ 5    + 2    + 4    + 5
____   ____   ____   ____
```

Solve the given problems below using dots to help you

```
  5        5        1        0
+ 4      + 0      + 5      + 0
___      ___      ___      ___


  1        0        2        3
+ 4      + 3      + 2      + 1
___      ___      ___      ___


  4        2        3        4
+ 5      + 3      + 1      + 2
___      ___      ___      ___
```

Solve the given problems below using dots to help you

```
  2         0         0         2
+ 2       + 5       + 3       + 5
___       ___       ___       ___

  3         1         5         4
+ 1       + 2       + 4       + 3
___       ___       ___       ___

  4         5         3         1
+ 0       + 4       + 1       + 0
___       ___       ___       ___
```

Solve the given problems below using dots to help you

```
  4      1      5      0
+ 2    + 0    + 1    + 0
___    ___    ___    ___

  4      0      1      3
+ 3    + 4    + 3    + 2
___    ___    ___    ___

  5      2      3      2
+ 5    + 5    + 1    + 4
___    ___    ___    ___
```

Solve the given problems below using dots to help you

```
  2      9      2      8
+ 5    + 1    + 4    + 0
___    ___    ___    ___


  4      9      5      0
+ 3    + 1    + 2    + 3
___    ___    ___    ___


  4      7      3      6
+ 5    + 4    + 2    + 0
___    ___    ___    ___
```

Solve the given problems below using dots to help you

| 2 | 9 | 8 | 0 |
|+0 |+4 |+0 |+2 |

| 9 | 2 | 7 | 6 |
|+2 |+3 |+1 |+1 |

| 0 | 4 | 1 | 5 |
|+4 |+5 |+5 |+3 |

Solve the given problems below using dots to help you

```
   0         0         9         7
 + 3       + 0       + 5       + 4
 ---       ---       ---       ---


   1         5         3         5
 + 1       + 4       + 3       + 1
 ---       ---       ---       ---


   4         9         7         1
 + 5       + 2       + 0       + 2
 ---       ---       ---       ---
```

Solve the given problems below using dots to help you

$\begin{array}{r}3\\+4\\\hline\end{array}$ $\begin{array}{r}7\\+1\\\hline\end{array}$ $\begin{array}{r}7\\+5\\\hline\end{array}$ $\begin{array}{r}2\\+4\\\hline\end{array}$

$\begin{array}{r}1\\+3\\\hline\end{array}$ $\begin{array}{r}8\\+2\\\hline\end{array}$ $\begin{array}{r}9\\+1\\\hline\end{array}$ $\begin{array}{r}5\\+1\\\hline\end{array}$

$\begin{array}{r}4\\+2\\\hline\end{array}$ $\begin{array}{r}9\\+3\\\hline\end{array}$ $\begin{array}{r}2\\+2\\\hline\end{array}$ $\begin{array}{r}4\\+3\\\hline\end{array}$

Solve the given problems below using dots to help you

```
  2        5        5        8
+ 1      + 3      + 5      + 2
___      ___      ___      ___


  4        8        3        6
+ 3      + 5      + 4      + 1
___      ___      ___      ___


  2        1        9        7
+ 5      + 2      + 4      + 2
___      ___      ___      ___
```

Solve the given problems below using dots to help you

```
  9       2       8       6
+ 2     + 1     + 4     + 3
____    ____    ____    ____


  1       5       4       2
+ 4     + 3     + 2     + 2
____    ____    ____    ____


  3       5       3       1
+ 1     + 3     + 1     + 4
____    ____    ____    ____
```

Solve the given problems below using dots to help you

```
   7        2        1        8
 + 4      + 5      + 2      + 5
 ---      ---      ---      ---


   4        3        8        5
 + 2      + 3      + 4      + 1
 ---      ---      ---      ---


   3        1        2        7
 + 3      + 2      + 5      + 1
 ---      ---      ---      ---
```

Solve the given problems below using dots to help you

1	7	3	7
+5	+3	+3	+1

3	6	4	9
+5	+3	+2	+4

9	1	2	5
+2	+1	+4	+2

HOW MANY

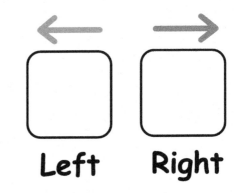
Left Right

Left + Right =

Glue each number to the correct addition fact.

2+14= ☐   13+1= ☐

20+0=   12+3=

3+17=   13+5=

2+15= ☐   17+2= ☐

| 17 | 14 | 18 | 20 | 15 | 20 | 16 | 19 |

Math Maze
0 - 20

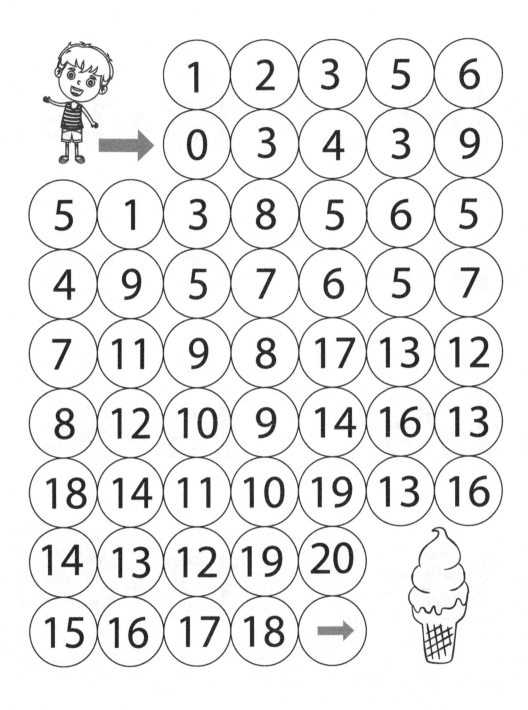

Glue each number to the correct addition fact.

15+3 = ☐   9+1 = ☐

10+4 = ☐   8+7 = ☐

12+7 = ☐   6+5 = ☐

10+5 = ☐   3+9 = ☐

| 15 | 12 | 10 | 14 | 15 | 18 | 10 | 19 |

HOW MANY

Left Right

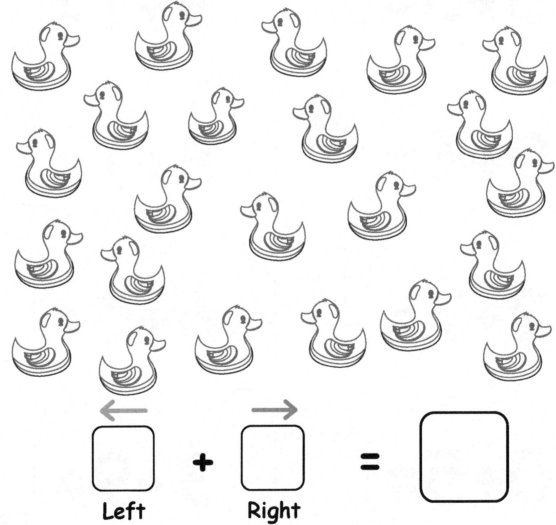

Left + Right = ☐

Glue each number to the correct addition fact.

5+3= ☐   2+1= ☐

8+1= ☐   9+8= ☐

7+7= ☐   4+6= ☐

5+2= ☐   7+5= ☐

| 10 | 3 | 14 | 17 | 12 | 8 | 7 | 9 |

Math Maze
0 - 20

Glue each number to the correct addition fact.

$1 + 3 =$ ☐ $0 + 1 =$ ☐

$2 + 4 =$ ☐ $6 + 2 =$ ☐

$7 + 2 =$ ☐ $1 + 1 =$ ☐

$2 + 5 =$ ☐ $8 + 1 =$ ☐

| 1 | 4 | 2 | 9 | 6 | 8 | 7 | 9 |

HOW MANY

← Left → Right

2 S S 2 S
S 2 S 2 2
   S 2 S   2
   2 S 2 S 2 2

← Left + → Right = ☐

Glue each number to the correct addition fact.

0+1 = ☐   2+1 = ☐

1+3 = ☐   3+4 = ☐

2+5 = ☐   0+0 = ☐

8+0 = ☐   1+0 = ☐

| 1 | 3 | 0 | 4 | 8 | 1 | 7 | 7 |

Solve the addition problems.

```
  5          2          0
+ 6        + 6        + 0
---        ---        ---


  2          5          1
+ 4        + 1        + 1
---        ---        ---


  8          5          0
+ 3        + 5        + 2
---        ---        ---
```

Solve the addition problems.

```
  3          0          9
+ 3        + 1        + 1
___        ___        ___


  6          0          8
+ 6        + 3        + 4
___        ___        ___


  7          9          7
+ 2        + 2        + 0
___        ___        ___
```

Solve the addition problems.

```
   9          1           8
 + 0       + 10         + 3
 ___       ____         ___


   2          3           1
 + 7       + 9          + 8
 ___       ___          ___


   4          0           3
 + 5       + 4          + 2
 ___       ___          ___
```

Solve the addition problems.

```
   0          3          4
 + 3        + 6        + 1
 ---        ---        ---


   1          5          0
 + 3        + 2        + 2
 ---        ---        ---


   0          2          3
 + 9        + 4        + 3
 ---        ---        ---
```

Solve the addition problems.

$$\begin{array}{r}1\\+7\\\hline\end{array}\qquad\begin{array}{r}9\\+1\\\hline\end{array}\qquad\begin{array}{r}7\\+5\\\hline\end{array}$$

$$\begin{array}{r}2\\+10\\\hline\end{array}\qquad\begin{array}{r}1\\+4\\\hline\end{array}\qquad\begin{array}{r}2\\+7\\\hline\end{array}$$

$$\begin{array}{r}4\\+3\\\hline\end{array}\qquad\begin{array}{r}5\\+2\\\hline\end{array}\qquad\begin{array}{r}0\\+9\\\hline\end{array}$$

Solve the addition problems.

```
   0          0          2
 + 4        + 5        + 2
 ___        ___        ___


   1          0          5
 + 1        + 1        + 5
 ___        ___        ___


   1          5          1
 + 3        + 2        + 5
 ___        ___        ___
```

Solve the addition problems.

```
   4          1          4
 + 0        + 1        + 2
 ---        ---        ---


   2          5          5
 + 3        + 2        + 5
 ---        ---        ---


   1          4          2
 + 3        + 3        + 1
 ---        ---        ---
```

Solve the addition problems.

```
  3        1        5
+ 5      + 4      + 1
___      ___      ___


  4        2        1
+ 5      + 0      + 1
___      ___      ___


  2        2        0
+ 4      + 1      + 0
___      ___      ___
```

Solve the addition problems.

```
   4          5          4
 + 4        + 1        + 2
 ___        ___        ___


   3          1          2
 + 3        + 1        + 2
 ___        ___        ___


   1          1          5
 + 0        + 2        + 5
 ___        ___        ___
```

Solve the addition problems.

$$\begin{array}{r}16\\+2\\\hline\end{array}\qquad\begin{array}{r}13\\+1\\\hline\end{array}\qquad\begin{array}{r}20\\+0\\\hline\end{array}$$

$$\begin{array}{r}5\\+9\\\hline\end{array}\qquad\begin{array}{r}11\\+8\\\hline\end{array}\qquad\begin{array}{r}0\\+12\\\hline\end{array}$$

$$\begin{array}{r}2\\+20\\\hline\end{array}\qquad\begin{array}{r}6\\+1\\\hline\end{array}\qquad\begin{array}{r}3\\+4\\\hline\end{array}$$

Solve the addition problems.

```
   4            0            4
+  1         +  7         +  8
----         ----         ----


   2           10           12
+  0         +  4         +  7
----         ----         ----


  14            8           10
+  4         +  2         + 10
----         ----         ----
```

Solve the addition problems.

```
    1           1            0
 + 3        + 4         + 2
 ___        ___         ___

   10           6           16
 + 0        + 11        + 2
 ___        ____        ___

    1          17            4
 + 14       + 0         + 10
 ____       ___         ____
```

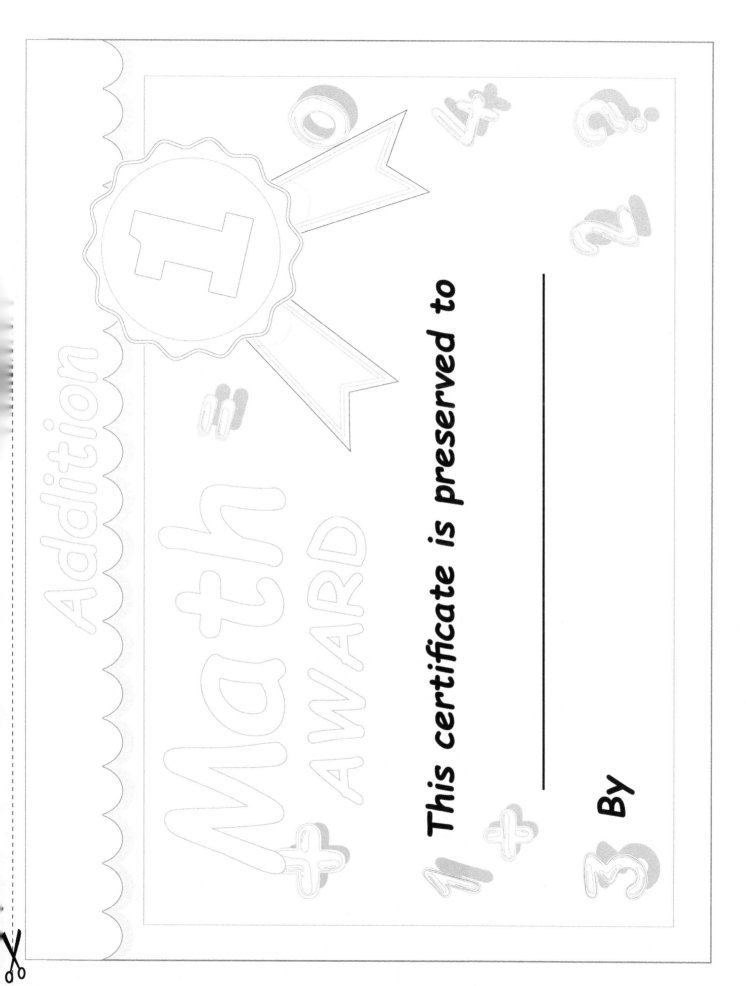

Made in the USA
Coppell, TX
07 October 2021